BIBLIOTECA IBEROAMERICANA DE DERECHO

LA DIGNIDAD DE LA PERSONA

Carlos Rogel Vide

Catedrático emérito
de Derecho civil UCM

EDITORIAL

Madrid, 2024

EDITA:
Editorial Reus, S. A.
C/ Rafael Calvo, 18, 2º C – 28010 Madrid (España)
Teléfonos: (+34) 91 521 36 19 – (+34) 91 522 30 54
Fax: (+34) 91 445 11 26
reus@editorialreus.es
www.editorialreus.es

© Carlos Rogel Vide
© Editorial Reus, S.A., para la presente edición
ISBN: 978-84-290-2833-1
Depósito Legal: M-11366-2024
Diseño de portada: Lapor
Impreso en España
Printed in Spain
Imprime: *Ulzama Digital*

BIBLIOTECA IBEROAMERICANA DE DERECHO
TÍTULOS PUBLICADOS

Sefardíes y nacionalidad española. La Ley 12/2015, *Carlos Rogel Vide* (2015).

El derecho en Colombia, *Olga Lucía Alfonso Velásquez (coord.)* (2015).

Principio, realidad y norma: el valor de las exposiciones de motivos (y de los preámbulos), *Guillermo Cerdeira Bravo de Mansilla* (2015).

El derecho en Cuba, *Leonardo B. Pérez Gallardo (coord.)* (2015).

El derecho indígena a la tierra en México, *Juan Manuel Belmonte Lozano* (2016).

Incumplimiento de los deberes matrimoniales y responsabilidad civil, *Yasna Otarola Espinoza* (2016).

La violencia como vicio del consentimiento contractual, *Carlos Rogel Vide* (2016)

El derecho en Puerto Rico, *Pedro F. Silva-Ruiz (coord.)* (2016).

Familia, conflictos familiares y mediación, *Johanna Ponce Alburquerque* (2017).

O direito em Portugal, *Alberto de Sá e Mello (coord.)* (2017).

La cosa juzgada constitucional, *Priscila Machado Martins* (2017).

El derecho en el Uruguay *Carlos de Cores Helguera (coord.)* (2017).

Personas, animales y derechos, *Carlos Rogel Vide* (2018).

Panorama del derecho de autor en México, *José Manuel Magaña Rufino* (2019).

Prodigalidad. Pasado y presente, *Carlos Rogel Vide* (2021).

Las parejas de hecho. Nuevas tendencias, *Jesús Daniel Ayllón García* (2021).

La nacionalidad colombiana. Especial referencia al régimen de migrantes venezolanos y a la naturalización de españoles, *Olga Lucía Alfonso Velásquez* (2021).

Introducción a la ética judicial, *David Ordóñez Solís* (2022).

El derecho a la igualdad. Exigencias teóricas e intrumentación jurídica desde una visión constitucional y jurisprudencial en Ecuador, *Grisel Galiano Maritan* (2022).

La dignidad de la persona, *Carlos Rogel Vide* (2024).

A mi nieta Julia,
por siempre querida

INTRODUCCIÓN

El artículo 10.1 de la Constitución Española establece: *La dignidad de la persona, los derechos inviolables que le son inherentes, el libre desarrollo de la personalidad, el respeto a la ley y a los derechos de los demás son fundamento del orden político y de la paz social*[1].

Ello sabido, decir lo siguiente -con Juan José Solozábal[2]-: "La recepción de la idea de dignidad de la persona en una cláusula constitucional convierte en jurídica la averiguación de lo que tal concepto significa... El constituyente no crea una categoría que utiliza -"dignidad"-, sino que la importa del

---

[1] "El artículo 10.1 de la Constitución Española -a decir de Amelia Pascual, "La dignidad humana", 297- tuvo, en su punto de mira, al artículo 10.1 de la Ley Fundamental de Bonn, a decir del cual "La dignidad del hombre es intangible. Es obligación de todo poder estatal respetarla y protegerla".

[2] Solozábal Echavarría, Juan José, *Derechos y libertades. Interpretación constitucional. II. El anclaje de los derechos fundamentales en la dignidad de la persona* (inicialmente, texto de una conferencia impartida a comienzos del año académico de 2018), pp. 66-67.

contexto o universo del que procede. No es -éste, por cierto- el único caso en el que el constituyente no crea una categoría que utiliza, sea jurídica o no, sino que la importa del contexto o universo del que procede... La necesaria correspondencia de la Constitución con la idea de dignidad... excluye -por cierto- determinadas dependencias religiosas o filosóficas del concepto, que necesariamente, ha de ser secular".

La Constitución, teniendo en cuenta lo antes dicho, no define a la persona ni concreta el contenido y significado de la dignidad referida a la misma, arcano o cosa difícil de entender, a decir de algún autor[3], por mucho que, para otro[4], sea supuesto -ni más ni menos- de los derechos fundamentales, que serían su proyección positiva, amén de ingrediente necesario del Estado constitucional de derecho, determinante de la condición servicial de la organización política, que no se justifica por sí misma.

---

[3] Dice, al respecto y en efecto, Javier Jiménez Campo ("Artículo 10.1", 217) -"*Dignidad* es palabra tan excesiva que solo el silencio estaría a su altura, aunque -añade, a renglón seguido- algo es preciso decir de ella, cuando la Constitución y los jueces la pronuncian. Todo parece, aquí, inseguro, hasta la identificación misma, a estos efectos, de la *persona* de la que la dignidad se predica".

[4] Solozábal Echavarría, Juan José: *Una revisión de los derechos fundamentales. Tres esquinas. 1. La dignidad de la persona*, pp. 75 y 76.

Siendo el Derecho de la persona por excelencia, desde hace muchos siglos, el Derecho civil, cabría esperar que el Código del mismo nombre -de finales del XIX, como es sabido- contuviese tal definición, pero no es así, aunque el Derecho referido contenga, en su seno y en su Historia, ingredientes que pueden facilitar el entendimiento de lo que haya de entenderse por persona y por dignidad de la misma.

Ello sabido, procuraré desentrañar, en las páginas que siguen, el sentido y significado de la dicha "dignidad de la persona", base sobre la que se sustenta -podría decirse- nuestro Ordenamiento Jurídico todo, advirtiendo, desde ya y con Juan José Solozábal[5], lo siguiente: "La dignidad de la persona ocupa una función fundamentadora de nuestro orden jurídico-político, teniendo, en lo que ahora interesa, un triple significado: Reconocimiento del carácter instrumental o servicial del Estado. Constitución como "orden vinculado a valores". Idea social del orden político, siendo compatible con la dignidad de la persona la imposición de límites a la libertad individual y la de deberes, deducibles de las exigencias de la vida en común".

Valga lo dicho para empezar.

---

[5] Solozábal Echavarría, Juan José: "Dignidad de la persona", en *Temas básicos de Derecho constitucional*, tomo III, 11, pp. 257 y 258.

1. EL ARTÍCULO 10.1 DE LA CONSTITUCIÓN

1.1. Antecedentes

En lo que a nosotros respecta, los antecedentes más relevantes del mismo son:

La Declaración de derechos del hombre y del ciudadano de 1789.

Inspirada en la inmediatamente anterior *Declaración de los Derechos del Buen Pueblo de Virginia de 1776*, es una vindicación, una proclamación del hombre, convertido en ciudadano, dejando de ser súbdito de una Monarquía Absoluta desaparecida, en Francia, por la fuerza de las armas, a la que se sumó la fuerza no despreciable de la guillotina.

El artículo 1º de la Declaración de 1789 dice: "Los hombres nacen y permanecen libres e iguales".

La Declaración Universal de Derechos Humanos de las Naciones Unidas de 1948.

Nacida muy poco después de finalizar la Segunda Guerra Mundial, tiene por objeto evitar que se repitan los horrores y las masacres habidas en el curso de la misma, consecuencias -dícese, al comienzo de la Declaración- del desconocimiento y el menosprecio de los derechos humanos, que han originado actos de barbarie ultrajantes para la conciencia de la humanidad[6].

En su *Preámbulo* puede leerse: "La libertad, la justicia y la paz en el Mundo tienen por base el reconocimiento de la *dignidad intrínseca* y de los derechos iguales e inalienables *de todos los miembros de la familia humana"*.

Según el artículo 1, Todos los seres humanos nacen libres e iguales en dignidad[7] y derechos.

El artículo 2.1, por su parte y en lo que interesa, señala: 1. "Toda *persona* tiene todos los derechos y libertades proclamados en esta Declaración, sin distinción alguna de raza, color, *sexo*, idioma, reli-

---

[6] A decir de Chueca -"La marginalidad", 34-, "La dignidad humana nace al Derecho desde el *consenso antitotalitario* asociado a los horrores de la II Guerra Mundial".

"El término *dignidad* como parte integrante de los textos legales es -a decir de Milagros Otero (*Dignidad y solidaridad*, 90)- relativamente reciente en el tiempo, ya que se inicia en 1945 -Carta de las Naciones Unidas, firmada en San Francisco, el 25 de junio de 1945 (Preámbulo, párrafo segundo)".

[7] A decir de Aparicio Pérez -"Ambigüedades normativas", 21-, que remite a Villán Durán -"Curso de Derecho Internacional de los derechos humanos", Editorial Trotta, Madrid, 2002, p. 92"-, la *dignidad de la persona* "es la única *idea-fuerza* que aglutina las diferentes concepciones culturales, filosóficas, políticas, ideológicas, religiosas, morales y sociales presentes en el mundo contemporáneo".

gión, opinión política o de cualquier otra índole, origen nacional o social, posición económica, nacimiento o cualquier otra condición...".

Según el artículo 3, "Todo *individuo* tiene derecho a la vida, la libertad y la seguridad de su *persona*".

Según el artículo 6, "Todo *ser humano* tiene derecho, en todas partes, al reconocimiento de su personalidad jurídica".

Según el artículo 18, en fin, "Toda *persona* tiene derecho a la libertad de pensamiento, de conciencia y de religión...".

Los restantes artículos hablan, ya, de *personas*, que no de individuos o de seres humanos.

De mujeres, con todo -en estos pagos y curiosamente-, no se habla de modo expreso y no parece que ello sea por casualidad sino porque, de un modo u otro, con unos u otros puntos de partida, la mujer, de algún modo, se considera, consciente o inconscientemente, de distinta condición respecto del varón, inferior, de algún modo, al mismo, si se quiere. Y, para muestra, un botón, representado por los siguientes párrafos de la intervención, en 1976, de Luis Legaz Lacambra -profesor de Filosofía del Derecho, Rector de la Universidad de Santiago y catedrático en la Facultad de Derecho de la Universidad Central- en la Real Academia de Ciencias Morales y Políticas, a la que pertenecía[8]:

"La discriminación de los sexos ha presentado, históricamente, dimensiones negativas en el aspecto jurídico que, a veces, se hallaban compensadas con una altísima valoración de la mujer que, hoy, en cambio, tiende a perderse... En determinados asuntos, la específica condición de mujer la hacía acreedora a un respeto y a una dignidad que, por su parte, exigía una contrapartida: que ella también se respetase, para ser merecedora del respeto que se la otorgase... También es evidente que *algunas inferioridades jurídicas de la mujer* -por ejemplo, dentro de la sociedad conyugal- provenían de la necesidad... de que alguien sea el que dirija, e, históricamente, el mando ha recaído en el marido. Con decir esto -añade Legaz- no trato, sin embargo, de justificar ningún anacronismo".

Pocas páginas después y en línea distinta a lo antes dicho, el propio Legaz sienta, lapidario, lo siguiente[9]: "La dignidad pertenece a la persona humana, en cuanto tal, y, por consiguiente, le corresponde cualquiera que sea su soporte biológico -hombre o mujer-".

---

[8] Legaz Lacambra: "Consideraciones sobre la dignidad de la persona y de la vida humana", Anales de la Academia de Ciencias Morales y Políticas nº 53, 1976, p. 27.

[9] Legaz Lacambra, "Consideraciones", cit., p.31.

Legaz se muestra, en mi opinión, dubitativo en lo que a la dignidad de la persona respecta, dando -al respecto- una de cal y otra de arena. Así y además de lo dicho -en ocasiones, contradictorio en cierta medida-, dice lo siguiente -contradictorio también-[10]: "Toda persona, por serlo, tiene una libertad y eso le da derecho a que los demás... le extiendan un cheque en blanco acreditativo de su dignidad. Pero misión suya es llenarlo... con la mayor cantidad de hechos dignos. La dignidad de la persona se comprueba y verifica con una vida digna". Más adelante -con todo- añade: "El Derecho no puede valorar las personas por sus calidades morales. Las que llevan una vida digna y las que cometen indignidades -si no son, directamente, conductas antijurídicas- tienen que ser igualmente estimadas y protegidas".

Queden sabidos los tiras y aflojas, las aparentes contradicciones, en los aledaños mismos de la Constitución de 1978, sobre lo que sea la dignidad.

Volveré, más adelante, sobre ello y, singularmente, sobre el tema de la dignidad de la mujer, advirtiendo, desde ahora, que, a la misma, hace referencia expresa el *Pacto Internacional de derechos civiles y políticos de 1966*, que desarrolla la Declaración Universal de los Derechos Humanos de 1948 y entró en vigor en 1976.

---

[10]   Legaz Lacambra, "Consideraciones", cit., pp. 20-21.

En el Preámbulo del mismo se dice -en efecto-: "La libertad, la justicia y la paz en el Mundo tienen por base el reconocimiento de la *dignidad inherente a todos los miembros de la familia humana...*, *inherente a la persona humana*".

De conformidad con su artículo 3º, "Los Estados Partes en el presente Pacto se comprometen a *garantizar a los hombres y a las mujeres la igualdad en el goce de los derechos civiles y políticos*".

1.2. Gestación

Don Joaquín Ruíz-Giménez Cortés explica, con cierto detenimiento, el proceso legislativo que condujo al artículo 10.1 de la Constitución Española de 1978, diciendo, en lo que interesa, lo siguiente[11]:

En el Anteproyecto de Constitución, el artículo 10 actual era el 13, de texto idéntico, ya, al actual, aunque el orden de lo citado fuese diverso.

El 13 pasa a ser el 10 en el Informe de la ponencia, con texto idéntico, en orden y contenido, al actual.

En torno a ese texto se desarrolló el debate en el seno de la Comisión, manifestándose allí, con claridad, dos tendencias distintas. Una, más tradicional,

---

[11] Ruiz-Giménez Cortés, Joaquín, "Comentario al artículo 10", en *Comentarios a las leyes políticas* dirigidos por Oscar Alzaga, *Constitución Española, Tomo II*, Edersa, Madrid, 1984, p. 47 ss.

encarnada por Fraga Iribarne y Herrero Rodríguez de Miñón, que ponía el acento en las dimensiones de organización del Estado y articulación de sus distintos poderes, más que en declaraciones de índole filosófica sobre principios y valores. Otra, representada por Peces-Barba, Solé Turá y Roca Junyet, que insistía en la necesidad de mantener la referencia explícita a una fundamentación del texto constitucional, diciendo, el primero, que, si se reducía a lo necesario el artículo 10, dicho artículo sería un buen pórtico para justificar la finalidad de los derechos fundamentales como camino para que el hombre desarrolle sus virtualidades.

La Comisión del Congreso emitió su preceptivo dictamen, publicado en el BOC del 1 de julio de 1978, en el cual la dicción del artículo 10.1 -norma jurídica vinculante, imperativa y de rango fundamentalísimo, a decir de Don Joaquín- coincide ya con el texto definitivo del mismo en la vigente Constitución.

1.3. Función

Joaquín Ruiz-Giménez[12], con toda su autoridad, señala que el artículo 10 de la Constitución tiene la siguiente triple función:

---

[12] Ruiz-Giménez Cortés, Joaquín, "Comentario al artículo 10", cit., pp. 101-102.

1ª. Función legitimadora del orden político, en sí mismo, y del ejercicio de todos los poderes públicos.

2ª. Función promocional. La dignidad de la persona y sus derechos inviolables no son elementos estáticos, fijados de una vez para siempre, sino dinámicos, abiertos a un constante enriquecimiento.

3ª. Función hermenéutica. La conjunción de las dos funciones antes citadas genera otra, muy capital también: la de pauta interpretativa de todas las normas del Ordenamiento jurídico, en un doble plano -intranacional y supranacional-.

2. PERSONA Y DERECHO

Como sabemos y aunque viene citada en la misma, la Constitución no define a la persona, al ser, ésta, algo previo a aquella, un "prius" que no un "'posterius" a su reconocimiento jurídico[13].

"El Derecho -dice Mariano Alonso[14]- se limita a recibir, como una entidad preexistente, la valoración integral de la persona. Estamos, pues, ante una categoría dada y no creada por las normas jurídicas".

Hominum causa omne ius constitutum est, ello sin olvidar a las mujeres, por mucho que se las olvidara en los tiempos pretéritos.

---

[13] A decir de García Rubio -"La persona", p. 88-, "Toda persona, por el hecho de serlo, está protegida por un deber general de respeto... La persona es... un *prius* y no un *posterius* a su reconocimiento jurídico". "Comenzar por la persona -como hiciera Gayo- parece lógico -a decir de Federico de Castro (*Derecho civil de España, II,* p.17)- porque sin ella no es imaginable ninguna institución jurídica".

Linacero, refiriéndose a *Instituta, J, I, 2,12,* dice -*Derecho civil, I,* 177-: "Poco se sabrá del Derecho si se ignora el de las personas, por causa de las cuales se ha constituido".

[14] Alonso Pérez, "Reflexiones", 1118.

Persona, término que parece tener origen etrusco, a decir de Aparicio Pérez[15], tiene que ver con per-sonare, resonar mucho, y con las máscaras que los actores se ponían delante de su rostro con el fin de hacer que su voz se pudiera oír mejor y más lejos, viniendo a significar, más tarde, personaje de las comedias[16] y, después, personaje de la vida social -no se olvide que las mujeres, en Roma, no fueron actrices hasta el Siglo IV después de Cristo, y, aun siéndolo, sus papeles eran nimios, cortos-; esto es, los hombres todos, personas físicas,-las mujeres

---

[15] Aparicio Pérez, "Ambigüedades normativas", p. 10

[16] Según nos recuerda García Maynez -*Introducción*, 273-, "*Persona*, a decir de Aulio Gelio, es palabra que deriva de *personare* (sonar mucho, resonar)... El sentido originario de persona -sépase- fue el de máscara, *larva histrionalis*, que era una careta que cubría la faz del actor cuando recitaba en escena, con el fin de hacer su voz vibrante y sonora. Poco después, la palabra pasó a significar el mismo actor enmascarado, el personaje -así, en el frontispicio de las comedias de Plauto y Terencio, se puede leer la lista de *personae*-.

Aulio Gelio -por cierto y según me resulta- fue un escritor nacido en Roma en los primeros años del principado de Adriano -entre el 126 y el 130 d. C.- y muerto, en Roma también, en torno al año 180 d. C., durante el principado de Marco Aurelio.

"El término persona -dice Aparicio, 10, nota 2- se instaló en el mundo jurídico romano y fue usado por la escuela estoica para determinar los sujetos del "ius gentium", como contraposición al "ius civile", cuyos sujetos eran los ciudadanos".

también hoy- si bien y durante muchos siglos la efectiva capacidad de obrar de los mismos -capacidad jurídica al margen, entendida como aptitud para ser titular de derechos y obligaciones- ha variado en función de distintas circunstancias personales -libre, liberto, esclavo, extranjero o ciudadano; *sui* o *alieni iuris*, creyentes o infieles, etc.-. Por vía de ficción, en otro orden de cosas, cabe hablar y se habla de personas jurídicas -fundaciones, asociaciones o sociedades mercantiles que sean- con capacidades diversas, a imagen y semejanza de las personas físicas, en modo tal que ha llegado a hablarse del honor de estas dichas personas, construidas a imagen y semejanza de las personas físicas, personas -estas últimas- en las que centraré mi atención.

3. LA DIGNIDAD DE LA PERSONA

Analizaré, seguidamente, el término "dignidad" y el devenir histórico del mismo, analizando, seguidamente, los postulados y las bases ideológicas en la que se sustenta, para fijar la atención, más adelante, en la dignidad como cualidad de la persona y sus tipos, niveles y características, viendo, después, las ambigüedades y aspectos discutidos de la dignidad como categoría, terminando con una referencia a la dignidad como fuente de derechos.

3.1. El término "dignidad"

No es infrecuente que se coloque, inicialmente, en el ámbito de lo religioso y moral, para llegar, después, al ámbito de lo jurídico.

En esta línea, Eusebio Fernández trae a colación *Génesis, 1, 26* -"Y dijo Dios: Hagamos el ser humano a nuestra imagen, como semejanza nuestra".

El significado de la "dignidad", en todo caso, es escurridizo[17], teniendo en cuenta, a mayor abundamiento, que ningún instrumento define el término[18], término que, por otra parte y como precisa María Luisa Marín Castán[19], es relativamente reciente en la literatura jurídica, no figurando en las primeras y emblemáticas declaraciones de derechos de los Estados Unidos y de Francia, ni en los textos posteriores, hasta casi la segunda mitad del Siglo XX.

A decir de Clocemar Lemes[20], "dignidad" proviene de la expresión latina *dignitas*, que significa valor, estima, respetabilidad".

Con todo y según Rosa Ruiz[21], "La dignidad es un término polisémico, con significados y utili-

---

[17] Al respecto, dice Jesús González Pérez -*La dignidad*, 97-: "Ante los intentos de definición, la doctrina no tiene el menor recelo en confesar que el término se le escapa, que las formulaciones generales son insatisfactorias, que la dignidad es una noción con un cuerpo semántico relativamente poco preciso".

[18] María Luisa Marín Castán -"La dignidad", 894- dice, textualmente: "Ningún instrumento internacional, ni tampoco los textos constitucionales, han asumido la difícil tarea de definir la dignidad".

[19] María Luisa Marín Castán, "La dignidad", p. 890.

[20] Lemes Silva, "Los principios de dignidad humana…", Tesis, Burgos, 2016, p. 25.

[21] Rosa Ruiz Lapeña, "La dignidad", p. 335, remitiendo a Luther -"Razonabilidad y dignidad humana", ReDCE, nº 7, enero-junio, 2007, p. 295 ss.-.

zaciones diversas en los ámbitos social, filosófico, religioso o jurídico...

Jurídicamente, se concreta como: derecho a tener derechos; estándar de vida; fundamento constitucional de la prohibición de autoincriminación; prohibición de la degradación del ser humano; valor constitucional supremo; principio constitutivo de todo el ordenamiento jurídico; contralímite o valor añadido de los derechos fundamentales; raíz -en fin- de los derechos fundamentales todos".

Volveremos, más adelante, sobre la cuestión.

3.2. La dignidad a lo largo de la Historia

El vocablo *dec*, -en sánscrito y a decir de Ales Uría[22]- vendría a significar "ser conveniente o adecuado a algo". Latinizado con el sufijo "mus" forma el término "decumus", que derivó en "dignus". Precedentes remotos del término, pues, y aparición del mismo en Roma, de la mano de Cicerón y Séneca, señaladamente.

Al respecto y en estos pagos, dice Milagros Otero[23]: "En sus orígenes, la dignidad no es un concepto jurídico ni político, presentando rasgos

---

[22] Ales Uría, "La dignidad humana", 46. Más ampliamente, sobre el particular, ver Gregorio Peces Barba, "La dignidad de la persona desde la Filosofía del Derecho", en Cuadernos Bartolomé de las Casas, 26 (2022), p. 21 ss.

[23] Otero Parga, "El valor dignidad", pp. 134-135.

morales. A decir de Cicerón (106-43 a. C.), el alma ha sido creada por Dios. No apareciendo la palabra "dignidad", Cicerón quiere destacar la superioridad del hombre respecto de los seres creados, situando la razón de esta superioridad en la semejanza del ser humano con Dios, su creador…

Séneca (4 a. C- 65 d. C.) -por su parte- alaba especialmente, del hombre, aquello -el alma- que "no se le puede dar ni quitar".

Milagros Otero, habla más tarde y en estos pagos, de Agustín de Hipona (354-430 d. C.), a decir del cual "es digno el ser humano que persevera en su unión con Dios y, consecuentemente, es indigno quien mantiene la conducta opuesta"[24].

---

[24] "En palabras de San Agustín -dice González Pérez, *La dignidad de la persona*, 18-, "nada hay más poderoso que esta criatura que se llama la mente racional, nada más sublime que ella; lo que está sobre ella, ya es el Creador". En línea distinta parece moverse Tomás de Aquino, distinta y criticable, en opinión de González Pérez, que dice -*La dignidad*, 18-19-: "Resulta inconcebible afirmar -como hace Santo Tomás, para justificar la pena de muerte- que el hombre, al delinquir, se aparta del orden de la razón y, por tanto, *decae de la dignidad humana*, en cuanto el hombre es naturalmente libre y dueño de sí mismo y se rebaja, en cierto modo, a la condición de bestia (S. Th II-II, q. 64, a 2, ad 3). … Como señala García López (en *Los derechos humanos en Santo Tomás de Aquino*, Pamplona 1979, p. 99), se trata de una exageración que el propio Santo Tomás corrige poco después al decir que "*el hombre malhechor no es naturalmente distinto del hombre*

Entre 1256 y 1265 se escribe el Libro de las Leyes, luego llamado Siete Partidas, a instancia del Rey de Castilla Alfonso X, llamado el Sabio. Recuerda González Pérez que la Ley 26 de la Partida VII, título I empieza diciendo: "La persona del home es la más noble cosa del mundo". Precisamente por esta supremacía del hombre sobre el mundo -añade González Pérez-, "todos los hombres son iguales en dignidad. "Nadie es más que nadie", dice un proverbio de Castilla"[25].

En los aledaños mismos del Renacimiento[26], aparece Giovanni Pico della Mirándola (1463-1494), que estudió en Bolonia y en el que es oportuno detenerse.

Pico della Mirándola es el autor de la *Oratio hominis dignitate,* Discurso sobre la dignidad del hombre, que data de 1486 y es comúnmente considerado como Manifiesto del Renacimiento[27]. En el mismo y dentro de las razones que son aducidas

---

justo, y, por eso, hace falta un juicio público para determinar si hay que matarlo por la salud de la comunidad".

[25] González Pérez, *La dignidad de la persona*, Madrid, 1986.

[26] Eusebio Fernández -*Dignidad humana*, 22-, citando a Pico della Mirándola, señala que el Renacimiento es el momento histórico en el cual se ha tenido conciencia más clara de lo que significa la reafirmación de los valores humanos".

[27] Dícese que, en España, ejerció una función similar el *Diálogo de la dignidad del hombre*, escrito en 1585 por Pérez

a propósito de la grandeza humana, se dice que el hombre, familiar de las criaturas superiores y soberano de las inferiores, es el vínculo entre ellas; por la agudeza de los sentidos, por el poder indagador de la razón y por la luz del intelecto, es intérprete de la naturaleza, intermediario entre el tiempo y la eternidad, cópula y connubio de todos los seres del mundo. La dignidad humana sería una calidad suprema que solo el hombre ha recibido de Dios.

A partir del Siglo XVIII, cabe hablar - indica Lemes[28]- del movimiento iluminista, a decir del cual "la dignidad de la persona no fue creada por el hombre o por el Estado, sino que es inherente a ella".

Más tarde, suele hacerse referencia, en estos pagos, a Kant, que muere a comienzos del Siglo XIX, cuando las Declaraciones de derechos habían visto ya la luz[29]-.

Oliva y publicado, con un estudio preliminar de José Luis Abellán, en Ediciones de Cultura Popular, Barcelona, 1967.

[28] Lemes, "Los principios", 28.

[29] Lemes -loc. ult. cit.-, refiriéndose a la *Fundamentación de la Metafísica de las Costumbres*, señala que "Kant fija las bases para la definición contemporánea de la dignidad de la persona. Para este filósofo, el hombre se considera como un fin en sí mismo, no pudiendo ser tratado como objeto o instrumento del Estado, dado que el valor que le es inherente le concede amparo ante el propio Estado, debiendo respetársele y considerársele como un ser individual, merecedor de un tratamiento digno y apropiado, independientemente de sus actuaciones".

Con posterioridad y a decir de Oehling[30], pone énfasis en la dignidad de la persona o conduce a ella el personalismo, entre cuyos promotores -además de al propio Kant- cabe citar a Marcel, a Maritaen y a Mounier, así como a Zubiri, Aranguren y Laín Entralgo entre nosotros y ya en pleno siglo XX[31].

Personalistas eran -señala el propio Oehling[32]- tanto Fraga como Peces Barba, que jugaron un papel central en la redacción de la Constitución. Cristianos, para ser más exactos, aunque el último fuese, más precisamente, cristiano para el socialismo[33].

---

[30] Oehling de los Reyes, "El concepto constitucional", 135 ss.

[31] Peces-Barba -"Diez lecciones", 32- cita, en estos pagos, a Jaspers (1883-1969), para quien la dignidad de la persona es la raíz de los valores, de los principios y de los derechos; un concepto-eje en la Historia de la Humanidad.

[32] Oehling de los Reyes, "El concepto constitucional", 165.

[33] Lucas Verdú -*Estimativa y política constitucionales*-, señala -entre las corrientes favorecedoras de la presencia de la dignidad de la persona en la Constitución- al posicionamiento iuspersonalista, al personalismo comunitario, al liberalismo, al socialismo democrático y, en fin, al humanismo social cristiano.

3.3. Postulados de la dignidad y bases ideológicas de la misma

Milagros Otero, en su trabajo titulado "El valor dignidad", indica[34] que -en el mismo-, se pretende analizar "el tópico dignidad", señalando que, en el mundo contemporáneo, la misma se asienta sobre los siguientes tres postulados: "1) El hombre o ser humano como valor límite de toda organización política y social; 2) El reconocimiento de que la libertad y racionalidad son valores constitutivos y rasgos identificadores de la persona humana; 3) La aceptación de que todos los hombres son, básica y esencialmente iguales, en cuanto tenencia y disfrute de la dignidad" .

A las bases ideológicas de la dignidad se refiere Oehling, con cita de diversos autores -Smend, Dürig-, diciendo, en lo que ahora interesa, lo siguiente[35]: "El constituyente -en un momento dado- declara el valor ético de la dignidad del hombre".

---

[34] Otero Parga, Milagros, "El valor dignidad", 124. "Estas características -dice Otero- fueron desarrolladas por María Luisa Marín Castán, en un trabajo titulado "Notas sobre la dignidad humana como fundamento del orden jurídico-político en la Constitución española y en la futura Constitución europea" -en *La Constitución española de 1978 en su XXV aniversario*, Bosch, 2003, p. 1135-.

[35] Oehling, "El concepto constitucional de dignidad", 136.

3.4. Dignidad como valor, como principio y como cualidad de la persona

Se ha predicado la dignidad como valor, valor jurídico fundamental, último, valor inherente a la persona, al ser humano[36].

Se habla, también, de la dignidad como principio, como principio nuclear incluso[37].

Se habla, en fin, de la dignidad como cualidad de la persona, como cualidad intrínseca a la misma, inherente a ella, al margen de rango, condición social, clase o comportamiento[38]; cualidad de la persona ínsita en ella[39].

---

[36] Oehling, "El concepto", 136: "La recepción del valor dignidad en el complejo constitucional supone su conversión en "valor jurídico", es decir, su comprensión como Derecho positivo -más allá de su comprensión como "postulado filosófico-".

[37] Eusebio Fernández, *Dignidad*, utiliza indistintamente los términos valor y principio, diciendo -20-: "La dignidad de la persona humana es fuente de los valores de autonomía, seguridad, libertad e igualdad".

[38] Fernández Segado, "La dignidad", 23. Delgado Rojas, "Dignidad", 177 -cualidad previa a cualquier norma jurídica, que debe ser reflejada y destacada por el ordenamiento jurídico-. Salto, "Dignidad", 16.

[39] Jiménez Campo, "Artículo 10.1.", 218.

Colocada la persona en el primer lugar del sistema -dice Mariano Alonso[40], glosando a Federico de Castro-, se logrará impedir que sea reducida a elemento o parte de cualquier comunidad... y se recordará que *hominum causa omne ius costitum sit...* De Castro pone de relieve la "sustantividad y excelsitud de la persona", hablando de ella como ser ético, teleológico, perfecto en sí mismo y portador de una dignidad inalienable.

3.5. Tipos y niveles de dignidad

Según los aspectos, las perspectivas de la dignidad que se quieran enfatizar, destacar, se ha hablado de los siguientes **tipos** de la misma, no necesariamente contradictorios entre sí, aunque tamaña proliferación de calificativos -procedentes, en ocasiones, de disciplinas ajenas al Derecho- pueda inducir a error o, cuando menos, a una cierta confusión:

Completa e inherente. Al respecto, Ales Uría[41] habla de la dignidad como valor espiritual y moral

---

[40] Alonso Pérez, "Reflexiones sobre el concepto y valor de la persona en el *Derecho civil de España* de Federico de Castro", p. 1118 ss. Alonso Pérez nos recuerda -1121- que "Federico de Castro ve, a la persona, como un ser ético, teleológico, perfecto en sí mismo y portador de una dignidad inalienable. La persona -precisa- no es una creación del Derecho o un mero centro de imputación de relaciones jurídicas".

[41] Ales Uría, "La dignidad humana", 44-45.

inherente a todas las personas. "Esto es -dice- lo que se denomina, en términos metafísicos, dignidad completa e inherente (*full inherent dignity*). Cualidad o valor de carácter permanente, incondicionada, indivisible e inherente, que puede ser predicada de todo ser humano".

En sentido relacional y como valor intrínseco de las persona. "Inherente -dice Ales Uría[42]- es intercambiable con la noción de intrínseco y, por ende, hace alusión a lo que no puede ser separado de la sustancia en que se da".

Ontológica y ética. Para Roberto Andorno -dice Lemes Silva[43]- hay dos acepciones de dignidad. La ontológica, que es el valor reconocido al hombre por el simple hecho de existir, y la ética, que no se refiere al ser de la persona, sino a su actuar. Por la primera, todo hombre -incluso el peor de los criminales- es digno. Por la segunda, el hombre se considera digno si es conforme con lo que debe ser.

Autónoma y heterónoma. Peces Barba, al que remite Delgado Rojas[44], habla de dignidad autónoma de todos y cada uno de los seres humanos, al margen del distinto status, rango jerarquía o estamento de cada uno, generadores, en el mundo antiguo y medieval, de "dignidades" diferentes. Se abre

---

[42] Ales Uría, *op ult, cit.*, 45.
[43] Lemes Silva, "Los principios", 25-26.
[44] Delgado Rojas, "Dignidad humana", 178, 179.

paso, en el Renacimiento, la idea de la *dignidad autónoma*, cuando el valor igual de cada hombre se genera desde la propia persona.

Peces Barba, en estos pagos, presta atención particular al papel que pueden jugar las religiones y, más concretamente las Iglesias en la construcción heterónoma de la dignidad, diciendo: "La religión puede o no, según se entienda y se organice, ser un obstáculo para la dignidad humana... No es la religión, sino las Iglesias, las que interfieren y se desvían del moderno concepto de dignidad. Estaríamos ante la dignidad heterónima".

Retórica, multifunción y exitosa. Se refiere a estos tipos de dignidad Chueca, diciendo[45]:

"La dignidad retórica... opera, en el ordenamiento jurídico, como un tópico o lugar común retórico, una fórmula o esquema, con una clara intención o finalidad argumental: persuadir...

La dignidad humana -por otra parte- significa varias cosas y, a veces, todas ellas -dignidad multifunción-...

Por lo que a la dignidad exitosa respecta, Chueca señala: "La dignidad humana se formula en clave de discurso ético-valorativo, pero con la pretensión de imponer determinados mandatos en forma de enunciados jurídico-normativos".

---

[45] Chueca, "La marginalidad jurídica de la dignidad humana", p. 25 ss.

Se ha hablado, por otra parte y también, de dignidad intrínseca, moral, metajurídica, religiosa y social.

Se ha hablado, en fin, de **niveles o dimensiones** de la dignidad humana. Tal hace Ruiz-Giménez[46], distinguiendo cuatro niveles o dimensiones de esa dignidad personal: a) Dimensión religiosa (o teleológica), para quienes creen en la religación del ser humano con Dios. b) Dimensión ontológica, como ser dotado de inteligencia, de racionalidad, libertad y conciencia de sí mismo. c) Dimensión ética, en el sentido de *autonomía moral*. d) Dimensión social, como estima y fama dimanante de un comportamiento positivamente valioso, privado o público, en la vida de relación.

Ello sabido, Ruiz-Giménez concluye –entre otras cosas- lo siguiente: La dignidad básica o radical no admite discriminación alguna por razón de sexo, raza, creencias o condición social. Tampoco esa "dignidad ontológica" está ligada a la edad o a la salud mental de la persona. El ser humano -en fin- que decae en su vida moral, se hunde en el vicio o comete delitos no pierde, por eso, su "dignidad ontológica".

También se ha hablado, con más o menos razón, de **dignidad como distinción aparejada a determinados cargos** -v. gr., a la púrpura cardenalicia,

---

[46] Ruiz-Giménez, "Comentario al artículo 10, p. 112 ss.

que lleva aparejada el tratamiento de Eminencia Reverendísima, o a cargos o funciones que conllevan tratamiento de Vuecencia (Excelentísimas Señoras/es) o de Usía (Ilustrísimas Señoras/es), independientemente de la andadura de las mismas, de sus virtudes o de sus defectos.

No es esta la dignidad a que se refiere el artículo 10.1 de la Constitución.

Tampoco interesa, en estos pagos y por referirse solo a determinadas personas sobresalientes, la **dignidad de quienes se esfuerzan en su vida y en sus obras**, siendo posible, por ello y en tal clave, que cada uno incremente la dignidad que le corresponde o, por el contrario, la haga disminuir, al llevar a cabo actuaciones que no sean dignas de aplauso[47].

---

[47] Legaz -"Consideraciones", 20- dice -antes de la Constitución de 1978 y en la línea equivocada, en mi modesta pero sentida opinión- lo siguiente: "Toda persona, por serlo, tiene una libertad y eso le da derecho a que los demás -la persona se constituye en relación- le extiendan firmado un cheque en blanco, acreditativo de su dignidad. Pero misión suya es llenarlo y, a diferencia de lo que ocurriría en otro caso, el abuso sería no hacer uso de él, no llenarlo con la mayor cantidad posible de hechos dignos. La dignidad de la persona se comprueba y verifica en una vida digna".

Más adelante -p. 21-, con todo y desdiciéndose, añade: "El Derecho no puede valorar las personas por sus características morales; las que llevan una vida digna y las que cometen indignidades -si no son, directamente, conductas antijurídicas- tienen que ser igualmente estimadas y protegidas".

El artículo 10.1 de la Constitución, en fin, está pensado para las personas, físicas, que no para las jurídicas, independientemente de que, si estas se ven perjudicadas en su honor o buena fama, puedan reaccionar para defender su buen nombre o reputación[48].

3.6. Características de la dignidad

Características, las que siguen, de lo que Peces Barba llama "dignidad con dimensión laica"[49].

Al respecto, Joaquín Ruiz-Giménez, con claridad y autoridad, afirma lo siguiente[50]:

La "dignidad básica o radical de la persona" no admite discriminación alguna por razón de sexo, raza, creencias, condición social, etc., dada la *igualdad esencial* de todos los seres humanos...

En la línea adecuada, Gregorio Robles dice lo siguiente -"El libre desarrollo de la personalidad. El artículo 10.1 de la Constitución", p. 46-: "La dignidad de la persona es un valor independiente de raza, sexo y conducta, buena o mala".

[48] En la línea indicada, dice Robles -"El libre desarrollo", p. 48-: "No podemos predicar la dignidad de una compañía mercantil o de un determinado Estado... Dignidad de la persona no puede querer decir otra cosa que dignidad del ser humano".

[49] Peces-Barba, "Diez lecciones", 35-41. "Desde el Renacimiento hasta la Ilustración irán surgiendo hasta seis criterios para esa identificación que podemos llamar humanista, sin que sea necesaria la presencia de Dios".

[50] Ruiz-Giménez, "Comentario al artículo 10", 115.

Tampoco esa "dignidad ontológica" está ligada a la edad o a la salud mental de la persona, pues, aun tenido, tales circunstancias, relevancia en la capacidad de obrar, no la tienen en la "personalidad profunda"...

El ser humano -hombre o mujer- que decae en su vida moral y se hunde en el vicio o, incluso, comete hechos tipificados como delitos en el ordenamiento jurídico-penal, no pierde, por ello, su "dignidad ontológica".

En suma y aun a riesgo de repetirnos, decir que la dignidad humana es un valor inherente al ser humano, una cualidad intrínseca de la persona.

La dignidad humana, a decir de Peces Barba[51], "Es el fundamento, la razón de los valores superiores del ordenamiento jurídico español. *Es la razón de todo*".

"La raíz de los valores, los principios y los derechos. El concepto eje en la Historia de la Humanidad", a decir -una vez más- de Peces-Barba, que remite a Jaspers[52].

En esta línea laudatoria de la dignidad, se pronuncian otros diversos autores, diciendo cuanto sigue:

---

[51] Peces-Barba -citado por Delgado Rojas, "Dignidad humana", 77.

[52] Peces-Barba, "Diez lecciones, p. 32.

La dignidad de la persona

La dignidad de la persona es una idea fuerza[53]. Es el bien más poderoso que el hombre posee[54]. Es fuente de valores[55].

---

[53] Aparicio Pérez, "Ambigüedades normativas del concepto *dignidad de la persona*".

[54] Pablo VI, *E. A. Christi fideles*; Ales; Oehling.

[55] Fernández, Eusebio -*Dignidad*, 20-: "La dignidad de la persona humana es fuente de los valores de autonomía, seguridad, libertad e igualdad".

4. DIGNIDAD DE LA MUJER

Por chocante que pueda parecer hoy, la mujer ha sido discriminada, hasta tiempos muy recientes, respecto del varón, predicándose la dignidad respecto de él tan solo durante siglos.

En el Derecho romano y como enseña Fuenteseca[56], es el ciudadano -*civis*- el que participa activamente en la vida de la *Civitas*.

La mujer -a decir del Maestro Fuenteseca[57]- estuvo sometida, durante siglos, a la llamada *tutela mulieris* o *tutela mulierum*, institución arcaica vinculada a la historia de la antigua familia agnaticia, que pervivió hasta la época clásica... El jurista Gayo (que vivió durante el Siglo II después de Cristo), no hallando una explicación convincente para la pervivencia de la dicha tutela en su época, esgrimió, a tal efecto, la "*levitas animi* de la misma, la versatilidad del espíritu femenino".

En la misma línea y más ampliamente se pronuncia Victoria Eugenia Pérez, diciendo, al res-

---

[56] Fuenteseca, Pablo, *Derecho Privado Romano*, 3.
[57] Fuenteseca, Pablo, *Derecho Privado Romano*, 413.

pecto, lo siguiente[58]: "La mujer, en Roma, siempre estuvo sometida a potestad (*patria potestas* o *manu*), cuando era *sui iuris,* a tutela, perpetua"[59].

Permanecía siempre -por cuanto me resulta- como si fuese una menor, no podía hacer testamento, no pudiendo, en modo alguno, ejercer cargos ni votar magistrados.

Y es que, en Roma -como dice Linacero[60]-, la plenitud de la personalidad implicaba el concurso de tres condiciones: libertad, ciudadanía y no sometimiento a autoridad familiar alguna, estando siempre sometida la mujer a algún tipo de autoridad, ya fuese ésta ejercida por el padre, el marido o, incluso, uno de sus hijos.

En esta línea de inferioridad de la mujer, resulta curioso constatar lo siguiente: a pesar de que, en las obras teatrales romanas, hubiera, sin duda, protagonistas femeninas, las mujeres no participaron como actrices en las mismas hasta el siglo IV después de Cristo, limitándose las mujeres, hasta entonces, con hacer pequeñas cosas -*pantomima*, *acromatica* (recitado, música, canto), *embolaria* (pequeña

---

[58] Victoria Eugenia Pérez, "Capacidad de la mujer en Derecho Privado Romano", 191-192.

[59] Más ampliamente, puede verse, al respecto, Cantarella, E.: "La calamidad ambigua: Condición e imagen de la mujer en la antigüedad griega y romana", Madrid, 1991.

[60] María Linacero, *Derecho civil, I,* 177.

representación efectuada antes de la obra principal
o en los intervalos de la misma). Al margen de ello
y como indica Helena Lorenzo[61], "en el mundo
romano, las mujeres dedicadas al teatro sufrían una
constante estigmatización pública y la profesión de
actriz estaba indefectiblemente asociada a la pros-
titución (*mima*: prostituta)".

La discriminación de la mujer permanece, más
allá de Roma, durante siglos. "La discriminación
de los sexos -como el propio Legaz señala[62]- ha
presentado históricamente dimensiones negativas en
el aspecto jurídico que, a veces, se hallaban compensadas con una altísima valoración de la mujer
que hoy, en cambio -se refiere a la España de 1976,
cual él la ve-, tiende a perderse".

Por cuanto me resulta, incluso los propios Padres
de la Iglesia -San Gregorio Nacianceno, San Geró-
nimo, San Ambrosio, San Agustín-, en el Siglo IV y
apelando a la ley divina, reaccionaron decididamente
contra la discriminación, respecto de la mujer, en la
vida y en la legislación civil de su época, lo cual
no impidió que la discriminación dicha llegará, en
mayor o menor medida, hasta la segunda mitad del
XX, acentuándose en el caso de la mujer casada,

---

[61] Helena Lorenzo, "Mujeres en la escena romana a través de la epigrafía", pp. 40-41.

[62] Legaz Lacambra, "Consideraciones sobre la dignidad", p. 27.

marginada en la gestión del patrimonio conyugal y en la educación y control de sus hijos.

Ello sabido y por chocante que resulte hoy, no le falta razón a María Paz García Rubio[63] cuando dice: "La conquista, por las mujeres, del reconocimiento de su personalidad en plena igualdad con los hombres no se produjo hasta bien entrada la segunda mitad del Siglo XX"[64].

---

[63] García Rubio, María Paz: "La persona en el Derecho civil", 84.

[64] Instrumentos tendentes a la igualdad de sexos y a la defensa de la dignidad de la mujer son el Pacto Internacional de Derechos civiles y políticos de 1976 y la Carta de los derechos fundamentales de la Unión Europea, aprobada en Niza el 7 de diciembre del 2000, que hace referencia, ya en el Preámbulo, a la dignidad humana.

5. DIGNIDAD E IGLESIA CATÓLICA. *MULIERES DIGNITATEM. DIGNITAS INFINITA*

La Iglesia Católica, a lo largo de la Historia o, cuando menos, miembros destacados, relevantes, de la misma se han ocupado de la dignidad de la persona, acentuándose dicha preocupación en los últimos tiempos y ampliándose a la consideración específica de la dignidad de la mujer, cual veremos, por resultar interesante para un mejor entendimiento de lo que la dignidad sea hoy en día.

Lo primero que cabe señalar, con carácter general, es que -como apunta Robles[65]- la dignidad predicada de la persona es la traducción, al lenguaje secular, de la idea, cristiana, de que todos los hombres son hijos de Dios, están hechos a su imagen y semejanza[66].

---

[65] Robles Morchón, Gregorio, "El libre desarrollo de la personalidad", 46.

[66] Otero Parga, -"El valor dignidad", 116- nos recuerda que, ya en el Génesis, se dice que Dios los creó, macho y hembra, a su imagen y semejanza. Eusebio Fernández, por

Téngase en cuenta, con todo y respecto de la mujer, que -en la doctrina de la Iglesia Católica- hay una cierta tensión, una tensión cierta y no definitivamente resuelta entre la mujer como Madre de Dios -calificada así por la doctrina teológica- y la mujer como pecadora original, condenada, por ello, con la premonición que reza "buscarás con ardor a tu marido, que te dominará".

A la dignidad de la persona en la doctrina de la Iglesia se refiere González Pérez en su discurso de ingreso en la Real Academia de Jurisprudencia y Legislación[67], poniendo de manifiesto cual ha sido la actitud de la Iglesia Católica al respecto en el mundo contemporáneo.

Ya León XIII, en la Encíclica *Rerum Novarum*, que data de 1891 y analiza el problema obrero y el deterioro de las relaciones laborales, afirmaba que "A nadie le está permitido violar impunemente la dignidad humana"[68].

---

su parte -"Dignidad humana, 17-, cita *Génesis, 1, 26*: "Y dijo Dios. Hagamos al ser humano a nuestra imagen, como semejanza nuestra...".

[67] González Pérez, "La dignidad de la persona", 33 ss.

[68] Aparicio -"Ambigüedades", 17- llama la atención sobre un párrafo de la *Rerum Novarum*, de conformidad con el cual "los capitalistas y los amos" tienen el deber de "no tener, en modo alguno, a los obreros como esclavos, a respetar, en ellos, *la dignidad de la persona humana*", añadiendo Aparicio lo siguiente: "El concepto de la dignidad de la per-

Ya en el Siglo XX, existen una serie de textos y documentos de distinta índole que, sumados, determinan lo que ha dado en llamarse *doctrina social de la Iglesia*, doctrina que afirma la inviolable dignidad de la persona humana, intrínseca al hombre por ser imagen de Dios, sagrada e inviolable por ello[69].

La igualdad fundamental de los seres humanos ante Dios tiene como consecuencia la imposibilidad de justificar discriminación alguna, debiendo ser defendida la persona contra cualquier intento de negarle, abolirle o impedirle ejercer sus derechos.

Entre los principales documentos constitutivos de dicha doctrina social están los siguientes:

Quadragesimo anno (1931). Pío XI. Función social de la propiedad. Salario justo.

Mater et Magistra (1961). Juan XXIII.

Pacem in terris (1963). Juan XXIII. Persona como fundamento y fin de la actividad política.

Gaudium et spes (1965). En el marco del Concilio Vaticano II, propiciado por Juan XXIII, enfatiza la dignidad del ser humano, imagen de Dios, que se realiza y vive en sociedad, dignidad que ha de

---

sona humana acaba de pasar del mundo de la especulación filosófica a la práctica política ideológica desarrollada por un importante sector del cristianismo y constituirá el sustrato ideológico central de lo que, más tarde, se denominaría como democracia cristiana".

[69] En tal sentido, ver Escobar Delgado, "La doctrina social de la Iglesia".

ser tomada como base de las decisiones políticas y económicas.

Populorum progressio (1967). Pablo VI. Propone la solidaridad internacional.

Octogésima adveniens (1971). Pablo VI. Critica la marginación de la mujer[70].

Evangelii nuntiandi (1975). Pablo VI. Trata de la justicia social y del necesario respeto a los derechos humanos.

Laborem exercens (1981). Juan Pablo II. Se refiere a la dignidad del trabajo, basada en la dignidad de la persona.

Sollicitudo rei socialis (1987). Juan Pablo II. Define la Doctrina Social de la Iglesia como la "cuidadosa formulación del resultado de una atenta reflexión sobre las complejas realidades de la vida del hombre en sociedad y en el contexto internacional, a la luz de la fe y de la tradición eclesial".

Juan Pablo II, por otra parte y en un apartado de su Exhortación Apostólica *Christifideles Laici*, decía[71]: "Entre todas las criaturas de la tierra, *solo el hombre es "persona", sujeto consciente y libre* y, precisamente por eso, "centro y vértice" de todo lo que existe sobre la tierra. *La dignidad personal es*

---

[70] Pablo VI, en 1971, instituyó una Comisión especial en relación con la "efectiva promoción de la dignidad y de la responsabilidad de las mujeres".

[71] Ver, al respecto, Aparicio, "Ambigüedades", 17.

el bien más precioso que el hombre posee, gracias al cual supera, en valor, a todo el mundo material".

Sabido lo anterior, haremos referencia, seguidamente y en primer lugar, a la Carta Apostólica **Mulieres dignitatem**, de Juan Pablo II, que data del año 1988.

El Papa recuerda, como no podría ser menos, la tensión entre la mujer como Madre de Dios, María de Nazareth, Virgen que se eleva, sobrenaturalmente, a la unión con Dios, en Jesucristo, y la mujer como pecadora, Eva, recordando los dicho en el Libro del Génesis, 3, 16 ("hacia tu marido irá tu apetencia y él te dominara").

Recuerda, con todo y también, que, desde tiempos muy antiguos, muchos Padres de la Iglesia han puesto el acento en la condición más noble de la mujer como Madre de Dios, refiriéndose, en ese sentido, a los concilios de Éfeso (251) y Calcedonia (301). Solemnemente, se hizo tal formulación en el Concilio de Éfeso del año 431, reiterándose en diversas ocasiones, hasta llegar al mismísimo Concilio Vaticano II.

Juan Pablo II insiste en la dignidad de la mujer, afirmando que hombre y mujer son seres humanos en igual medida, pues ambos fueron creados a imagen de Dios.

Afirma que el hombre -ya sea varón, ya mujer- es persona igualmente.

Afirma que, desde "el principio", la mujer -al igual que el hombre- ha sido creada y *puesta* por Dios en el orden del amor, sin que el pecado de los orígenes haya cancelado este orden de modo irreversible.

Afirma, en fin -y es lo que más nos interesa-, que *la llamada particular a la dignidad de la mujer es propia de los tiempos en que vivimos.*

Seguidamente, me referiré a la Declaración del Dicasterio para la Doctrina de la Fe *Dignitas infinita*, aprobada por el Papa Francisco el 25 de marzo de 2024 y publicada el 8 de abril del dicho año.

Dicha Declaración viene determinada, de algún modo, por la Carta Encíclica *Fratelli tutti*, del dicho Papa, sobre la fraternidad y la amistad social, fechada el 3 de octubre de 2020.

El apartado 22 de la dicha Carta Encíclica reza así: "Observando con atención nuestras sociedades contemporáneas, encontramos numerosas contradicciones que nos llevan a preguntarnos si, verdaderamente, la igual dignidad de todos los seres humanos, proclamada solemnemente hace 70 años, es reconocida, respetada, protegida, promovida en todas las circunstancias…

En el mundo de hoy persisten numerosas formas de injusticia… Mientras una parte de la humanidad vive en la opulencia, otra ve su propia *dignidad desconocida, despreciada o pisoteada*".

Ello sabido y centrando la atención, ya, en la Declaración *Dignitas infinita*, decir que los apartados que más nos interesan de la misma son los siguientes:

1. La *dignitas infinita* se fundamenta inalienablemente en el propio ser, le corresponde a cada persona humana, más allá de toda circunstancia y en cualquier estado o situación en que se encuentre.

15. La dignidad no es concedida a la persona por otros seres humanos, sobre la base de determinados dones y cualidades, de modo que podría ser eventualmente retirada... En realidad, la dignidad es intrínseca a la persona, no conferida a posteriori, previa a todo reconocimiento, no pudiendo perderse.

24. La dignidad de toda persona humana, precisamente porque es "intrínseca", permanece "más allá de toda circunstancia" y su reconocimiento no puede depender, en modo alguno, del juicio sobre la capacidad de una persona para comprender y actuar libremente.

6. PRONUNCIAMIENTOS DEL TRIBUNAL CONSTITUCIONAL SOBRE DIGNIDAD DE LA PERSONA

Sin afán de exhaustividad, traeré a colación, seguidamente, una serie de sentencias del Constitucional que me parecen particularmente interesantes, en lo que a la dignidad respecta.

Sentencia 21/1982, de 2 de diciembre[72]: Ni la libertad de pensamiento ni el derecho de reunión y manifestación comprenden la posibilidad de ejercer sobre terceros una violencia moral de alcance intimidatorio, porque ello es contrario a *bienes constitucionalmente protegidos como la dignidad de la persona y su derecho a la integridad moral* (artículos 10 y 15 de la Constitución) *que han de respetar no solo los poderes públicos, sino también los ciudadanos.*

---

[72] Sentencia de la Sala Primera -ponente: Gómez Ferrer- dictada en el Recurso de Amparo 41/1981, promovido contra sentencias del Juez de Distrito de Villalba, en juicio verbal de faltas -coacciones leves-, y del Juez de Instrucción de El Escorial.

Sentencia 53/1985, de 11 de abril[73]: Junto al valor de la vida humana y sustancialmente relacionado con la dimensión moral de ésta, nuestra Constitución ha elevado... a *valor jurídico fundamental la dignidad de la persona*, que, sin perjuicio de los derechos que le son inherentes, se halla *instrumentalmente vinculada con el libre desarrollo de la personalidad* (art. 10) *y los derechos a la integridad física y moral* (art. 15), *a la libertad de ideas y creencias* (art. 16), *al honor, a la intimidad personal y familiar y a la propia imagen* (art. 18). Del sentido de estos preceptos puede deducirse que *la dignidad es un valor espiritual y moral inherente a la persona, que se manifiesta singularmente en la autodeterminación consciente y responsable de la propia vida y que lleva consigo la pretensión de respeto por parte de los demás.*

La dignidad está reconocida a todas las personas con carácter general, pero... el intérprete constitucional... no puede ignorar el hecho obvio de la *especificidad de la condición femenina y la concreción de los mencionados derechos en el ámbito de la maternidad, derechos que el Estado debe respetar y a cuya efectividad debe contribuir.*

---

[73] Sentencia del Pleno -ponentes: Begué y Gómez Ferrer-. Recurso de inconstitucionalidad contra el Proyecto de Ley Orgánica de reforma del artículo 417 bis del Código Penal.

Sentencia 99/1985, de 30 de septiembre[74]: Es verdad que nuestra Constitución "es obra de españoles", pero ya no lo es el afirmar que "es solo para españoles"...

Existen derechos que corresponden por igual a españoles y extranjeros, cuya regulación ha de ser igual para ambos. Así sucede con aquellos derechos fundamentales que pertenecen a la persona en cuanto tal y no como ciudadano..., o, dicho de otro modo, "aquellos que son imprescindibles para la garantía de la dignidad humana que, conforme al artículo 10.1 de nuestra Constitución, constituye el fundamento del orden político español".

Sentencia 64/1988, de 12 de abril[75]. "El *artículo 10.1 CE*, en su apartado 1°, *vincula los derechos individuales con la dignidad de la persona y con el desarrollo de la personalidad*, y, en su apartado 2°, los conecta con los derechos humanos... Es cierto,

---

[74] Sentencia de la Sala Segunda -ponente Tomás y Valiente-. Resuelve recurso de amparo contra Sentencia del Juzgado de Primera Instancia e Instrucción n° 1 de Motril, absolutoria por presunto delito de falso testimonio, y la de la Audiencia Provincial de Granada, dictada en apelación de la anterior.

[75] Sentencia de la Sala Segunda -ponente Díez-Picazo-. Resuelve recurso de amparo interpuesto por el Letrado del Estado impugnando una providencia de la Magistratura de Trabajo n° 1 de Ceuta, por presunta vulneración de derecho fundamental.

no obstante, que la plena efectividad de los derechos fundamentales exige reconocer que *la titularidad de los mismos no corresponde solo a los individuos aisladamente, sino también en cuanto se encuentran insertos en grupos y organizaciones cuya finalidad sea, específicamente, la de defender determinados ámbitos de libertad o realizar los intereses y los valores que forman el sustrato último del derecho fundamental"*.

Sentencia 113/1989, de 22 de junio[76]. "Los valores constitucionales que conceden *legitimidad al límite que la inembargabilidad impone al derecho del acreedor...* se encuentran en el *respeto a la dignidad humana* configurado como el *primero de los fundamentos del orden político y de la paz social* en el artículo10.1 CE, al cual repugna... que la efectividad de los derechos patrimoniales se lleve al extremo de sacrificar el *mínimo vital del deudor*, privándolo de los medios indispensables para la realización de sus fines personales, así como la *protección de la familia, el mantenimiento de la salud y el uso de una vivienda digna y adecuada,* consagrados en los artículos 39, 41, 43 y 47 de la Constitución".

---

[76] Sentencia del Pleno -ponente Díaz Eimil-. Cuestión de inconstitucionalidad en relación con el artículo 22 del Texto Refundido de la Ley General de la Seguridad Social, según el cual las prestaciones de la misma -salvo en determinados supuestos- son inembargables.

Sentencia 120/1990, de 27 de junio[77]. *"La dignidad es un mínimum invulnerable que todo estatuto jurídico debe asegurar*, de modo que, sean unas u otras las limitaciones que se impongan en el disfrute de derechos individuales, no conlleven menosprecio de lo que, en cuanto ser humano, le corresponde. *Lo dicho en el artículo 10.1 CE sobre la dignidad de la persona, no significa que... cualquier restricción... suponga un estado de indignidad.* Piénsese... en la restricción de la libertad ambulatoria... que padecen quienes sean condenados a una pena privativa de libertad".

Sentencia 94/1993, de 22 de marzo[78]. *"La libertad de circulación a través de las fronteras del Estado y el concordante derecho a residir dentro de ellas no son derechos imprescindibles para la garantía de la dignidad humana (artículo 10.1 C.E.),* ni, por consiguiente, pertenecen a todas las personas en cuanto tales, al margen de su condición de ciudadano".

---

[77] Sentencia del Pleno -Ponentes: García-Mon, Díaz Eimil, Gimeno Sendra-. Se resuelve recurso interpuesto contra Auto de la Audiencia Provincial de Madrid que resuelve recurso de apelación contra providencia dictada por Juzgado de Vigilancia Penitenciaria de Madrid.

[78] Sentencia de la Sala Primera -ponente De la Vega Benayas-. Dictada en el recurso de amparo contra Sentencia del Tribunal Supremo que da lugar a la expulsión del territorio español de la actora, de nacionalidad filipina.

Sentencia 192/2003, de 27 de octubre[79]. "La concepción del período anual de vacaciones como tiempo cuyo sentido único o principal es la reposición de energías para la reanudación de la prestación laboral supone reducir la persona del trabajador a un mero factor de producción y negar, en la misma medida, su libertad, durante aquel período, para desplegar la propia personalidad del modo que estime más conveniente. *Una concepción, según la cual el tiempo libre se considera tiempo vinculado y la persona se devalúa a mera fuerza de trabajo, resulta incompatible con los principios constitucionales que enuncia el artículo 10.1 de la Constitución Española* (dignidad de la persona y libre desarrollo de la personalidad), a cuya luz ha de interpretarse, inexcusablemente, cualquier norma de derecho".

---

[79] Sentencia de la Sala Primera -Ponente Casas Baamonde-. Recurso de amparo contra Auto de la Sala de lo Social del Tribunal Supremo que declara procedente un despido que el demandante de amparo cuestiona.

7. CONSECUENCIAS DE LA DIGNIDAD, TAL Y COMO APARECE REFERIDA EN EL ARTÍCULO 10.1 DE LA CONSTITUCIÓN

Juan José Solozábal, estimado colega que tiene páginas escritas, sobre el tema que nos ocupa, tan sobrias como atinadas y elegantes, dice, por lo que a las consecuencias de la dignidad, tal y como aparece en el 10.1 del Texto constitucional, respecta, lo siguiente, que yo comparto plenamente[80]:

La dignidad de la persona ocupa una posición fundamental en el orden jurídico político, teniendo, el Estado, un carácter instrumental o servicial, como orden adecuado a la consecución de fines en modo alguno transpersonales, metahistóricos o trascendentes, siendo una organización cuyo único objetivo es asegurar un tipo de convivencia política congruente con las exigencias derivadas de la dignidad de la persona.

La Constitución acepta una idea material del Estado de Derecho, que ha de atender a determi-

---

[80] Solozábal, "Dignidad de la persona (Derecho constitucional)", pp. 2449-2450.

nadas exigencias materiales, correspondientes a la dignidad de la persona.

La persona ha de entenderse no como ser aislado, sino como ser ligado a la convivencia en sociedad y obligado, por tanto, al respeto a la ley y a los derechos de los demás.

La inclusión de la dignidad de la persona en la Constitución supone la conversión en jurídico de un valor moral.

La dignidad de la persona -"cualquiera que sea la situación en la que se encuentre"- es un mínimum invulnerable, debiendo recibir la misma un trato que no contradiga su condición de ser racional y libre.

Lo dicho conlleva un *efecto impeditivo*: prohibición de normas que tengan un efecto degradante o envilecedor, esto es, que signifiquen el tratamiento del hombre como mero objeto.

Lo dicho conlleva, también y en fin, un *efecto positivo*: orientación de los objetivos o tareas del Estado hacia políticas favorecedoras del desarrollo de la persona, posibilitando su autodeterminación de modo que se asegure la ayuda de los poderes públicos frente a ataques o conductas provenientes de poderes o sujetos privados, contrarios a la misma.

8. A MODO DE RECAPITULACIÓN

Después de la excursión realizada, respecto de la dignidad de la persona, por la Historia, el Derecho y hasta la Filosofía, quiero terminar este estudio recapitulando sobre los aspectos más importantes -más cuestionables, incluso- de lo tratado o, cuando menos, más atractivos para mí, aun a riesgo de repetirme, pues lo que abunda no daña.

Para empezar a hablar, creo que no es bueno, que es malo empecinarse en establecer clasificaciones de la dignidad, en ocasiones de carácter demasiado dogmático que, más que aclarar el asunto, lo confunden.

Tampoco creo que sea demasiado bueno el intentar aparejar la dignidad a un término o categoría -valor, principio, idea fuerza-, pues la equiparación, más que dotar de fuerza y vigor al término, se la quita.

Merece la pena recordar, siempre, que la dignidad de la persona gana adeptos desde el final de la Segunda Guerra Mundial, espantadas las gentes de buena voluntad de las atrocidades de la misma y

Carlos Rogel Vide

las de los tiempos aledaños a la misma, con guerras coloniales incluidas, tiempos en los que la vida, para determinadas razas o grupos, no valía nada, privándose de la misma, injusta e impunemente, a millares y millares de seres humanos[81].

Precisamente para intentar evitar que tal pudiera volver a suceder se recurrió a la dignidad de la persona como inspiradora de los ordenamientos jurídicos[82], dignidad pensada y predicada para todos, singularmente para los más débiles y marginados, para quienes carecen de fuerza alguna para protegerse, como una especie de escudo, de coraza que

---

[81] Hannah Arendt -"Los orígenes del totalitarismo", 340- pone el acento en las circunstancias de la postguerra (II Guerra Mundial) y, más concretamente, en la situación de los apátridas y los refugiados políticos, señalando que, paradójicamente, los derechos naturales del individuo en abstracto tienden a desaparecer para aquellos que dejan de pertenecer a un "pueblo", que dejan de ser ciudadanos, de tal manera que los llamados derechos naturales vienen a ser, en realidad, derechos de ciudadanía.

[82] En la línea señalada en el texto, Fernández Segado -"La dignidad de la persona", 11- afirma la "elevación de la dignidad de la persona a la categoría de núcleo axiológico constitucional y, por lo mismo, a valor jurídico supremo del conjunto ordinamental", añadiendo -*op. cit.*, p. 19-: "El valor último, el principio nuclear es la dignidad humana, sin connotación o conexión alguna con un determinado orden económico o social".

les tenga a cobijo de todo mal, por utópico que ello pueda llegar a ser.

Los pobres de espíritu, los marginados, los necesitados serían a quienes la dignidad acogiese, más acogiese, cual manto protector. Para tal lograr o, al menos, para intentarlo, se pone énfasis en la dignidad, a la que se coloca como principio, origen y razón de ser, incluso, del entero ordenamiento jurídico, haciendo votos y rogando al cielo para que éste se mantenga con suficiente entidad, fuerza y legitimidad, lo cual no impide constatar, ya en los tiempos que vivimos, que, en no pocos lugares, más o menos cercanos a los nuestros propios, las armas y la barbarie campan a sus anchas, sin que los organismos y las instancias internacionales se muestren capaces de impedirlo. Lo cual no impide constatar que, en nuestros días también, se dan violaciones graves de la dignidad, contra las que hay que luchar[83].

---

[83] Entre las dichas violaciones graves, el Documento Pontificio *Dignitas infinita* cita las siguientes -4.33 y siguientes-: El drama de la pobreza, la guerra, el trabajo de los emigrantes, la trata de personas, los abusos sexuales, la violencia contra las mujeres, el descarte de las personas con discapacidad o la violencia digital. Cita, también y aunque ello pueda ser discutible para algunos o para muchos, el aborto, la maternidad subrogada, la eutanasia, el suicidio asistido, la teoría del género y el cambio de sexo.

Con todo y precisamente por ello es bueno, cuando no obligado, poner énfasis, fijar la atención en la dignidad de la persona como punto de partida y razón de ser de los derechos, del ordenamiento jurídico todo, si cabe, razón por la cual "no cabría realizar -como precisa Ales Uría[84]- una ponderación o balance de la dignidad en hipotético conflicto con algún derecho fundamental; al ser su fuente de origen, la dignidad se encuentra, ontológica y lógicamente, en otro plano".

Es bueno, también, poner de relieve que la dignidad ha de predicarse de las personas todas, incluso de los delincuentes privados de libertad, que, aun debiendo cumplir su pena, han de ser educados para su reinserción en la sociedad, arbitrándose para ellos, mientras estén en prisión, medidas tendentes a preservar su salud y su dignidad.

"Todos los seres humanos -señala Ana Salto[85]- tienen la misma dignidad. La dignidad de la persona no viene dada por la plena posesión de sus facultades espirituales o por su acción autonómica en el orden ético... La dignidad no se pierde cuando des-

---

En la misma línea, Mercedes Ales -"La dignidad"- confronta la dignidad humana y la disposición sobre el propio cuerpo, el rechazo de tratamientos médicos, la eutanasia y la maternidad subrogada.

[84] Ales Uría, "La dignidad humana", 48.

[85] Ana Salto, *La dignidad humana*, 16.

aparezcan las posibilidades efectivas de ejercer una autonomía responsable, cuando se está en situación de dependencia, enfermedad o sufrimiento".

La dignidad de la persona consagrada en el 10.1 de la Constitución nada tiene que ver -conviene recordarlo- con las dignidades aparejadas a cargos o rangos, ni con la encomiable actitud de quien se esfuerza, cada día, por ser mejor, aun siendo ya bueno en el de partida.

Las mujeres, esposas y madres potenciales o reales, son -por descontado- tan dignas como los hombres, pues, a mayor abundamiento, son o pueden ser portadoras de vida, engendrar seres.

Los pobres de espíritu, los más débiles, los distintos, los necesitados, los perseguidos, las humildes, las que tienen hambre y sed de justicia -tan dignos, tan dignas como los demás o más- bienaventurados, bienaventuradas sean en todo caso.

BIBLIOGRAFÍA

Ales Uría, Mercedes: "La dignidad humana y el derecho de disposición sobre el propio cuerpo". Dikaion, año 34, vol. 29, Núm. 1, Chia, Colombia, enero-junio, 2020, pp. 39 ss.

Alonso Pérez, Mariano: "Reflexiones sobre el concepto y valor de la persona en el Derecho civil de España (de Federico de Castro)", Anuario de Derecho civil, 1983, p. 1117 ss.

Aparicio Pérez, Miguel Angel: "Ambigüedades normativas del concepto *dignidad de la persona* en la Constitución española de 1978", Chapeco, vol. 14, nº 3, pp. 9 ss.

Arendt, Hannah: *Los orígenes del totalitarismo*, Alianza Editorial, Madrid, 2006.

Bobbio, Norberto: "Presente y porvenir de los derechos humanos", en Anuario de Derechos Humanos, 1981, p. 7 ss.

Cortés León, Eduardo: "Indignidad para suceder. Artículo 756 del Código civil", en Diccionario

Jurídico Espasa, Espasa Calpe, Madrid, 1991, pp. 513-514.

Chueca, Ricardo: "La marginalidad jurídica de la dignidad humana", en *Dignidad humana y derecho fundamental* (Director: Ricardo Chueca), Centro de Estudios Políticos y Constitucionales, Madrid, 2015, p. 25 ss.

Delgado Rojas, Jesús Ignacio: "Dignidad humana", en Economía. Revista en Cultura de la Legalidad, n° 15, octubre de 2018-marzo de 2019, p 176 ss.

Escobar Delgado, Ricardo Azael: "La doctrina social de la Iglesia. Fuentes y principios de los Derechos Humanos", Revista Prolegómenos. Derechos y valores, vol. XV, n° 30, julio-diciembre 2012, p. 99 ss.

Fernández García, Eusebio: *Dignidad humana y ciudadanía cosmopolita*, Dykinson, Madrid, 2001. "La dignidad de la persona", p. 17 ss.

Fernández Segado, Francisco: "La dignidad de la persona como valor supremo del ordenamiento jurídico", Derecho PUCP, n° 50 (1996), p. 11 ss.

Fuenteseca, Pablo: *Derecho Privado Romano*, Madrid, 1978.

García Maynez, Eduardo: "Concepto jurídico de persona", en *Introducción al estudio del Derecho*, Editorial Porrua, Méjico, 1970, p.273 ss.

García Rubio, Mª Paz: "La persona en el Derecho civil. Cuestiones permanentes y otras nuevas", TEORDER, 2013, nº 13 p. 82 ss.

González Pérez, Jesús: "La dignidad de la persona en la jurisprudencia constitucional", Anales de la Real Academia de Ciencias Morales y Políticas, nº 62, 1985, p. 133 ss.

González Pérez, Jesús: *La dignidad de la persona*, Real Academia de Jurisprudencia y Legislación, Madrid, 1986.

Gutiérrez Gutiérrez: *Dignidad de la persona y derechos fundamentales*, Marcial Pons, Madrid, 2005.

Jiménez Campo, Javier: "Artículo 10.1. La dignidad de la persona", en *Comentarios a la Constitución española* dirigidos por Rodríguez-Piñero y Casas, *Tomo II*, Fundación Wolters Kluwer, Las Rozas, 2018, p. 265 ss.

Juan Pablo II: *Mulieres dignitatem* -carta apostólica-, 1988.

Larenz, Karl: *Derecho civil. Parte General* (Traducción de la 3ª edición alemana de 1975), Madrid, 1978.

Legaz Lacambra, Luis: "Consideraciones sobre la dignidad de la persona y de la vida humana", Anales de la Academia de Ciencias Morales y Políticas, nº 53, 1976, p. 2 ss.

Lemes Silva, Clocemar: "Los principios de dignidad humana, proporcionalidad y buena fe como límites a los derechos del trabajador". Tesis Doctoral. Facultad de Derecho de Burgos, 2016.

Linacero de la Fuente, María: *Derecho civil I*, Tirant lo Blanch, Valencia, 2013.

Lorenzo Ferragut, Helena: "Mujeres en la escena romana a través de la epigrafía", Revista TYCHO, 2018, n° 6, p. 39 ss.

Lucas Verdú, Pablo: "Comentario al artículo 10", en la obra de autoría plural *Constitución española*, editada por el Centro de Estudios Constitucionales, Madrid, 1979, p. 39 ss.

Lucas Verdú, Pablo: *Estimativa y política constitucionales. Los valores y principios rectores del ordenamiento constitucional español*, Universidad de Madrid, Facultad de Derecho, Madrid, 1984.

Marín Castán, María Luisa: "La dignidad humana en la Declaración Universal como piedra angular para la construcción de una ética mundial. Algunas consideraciones tras el 70 aniversario de su proclamación", Revista de la Facultad de Derecho de México, Tomo LXIX, n° 274, 2019, p. 879 ss.

Oehling de los Reyes, Alberto: "El concepto constitucional de dignidad de la persona", Revista

Española de Derecho Constitucional", 2011, enero-abril, p. 135 ss.

Otero Parga, Milagros: "El valor dignidad". Dereito. Revista Xurídica da Universidade de Santiago de Compostela, 12/1, 2003, pp. 115 ss.

Otero Parga, Milagros: *Dignidad y solidaridad. Dos derechos fundamentales.* Santiago de Compostela, 2005. (Texto original facilitado por la autora).

Pascual, Amelia: "La dignidad humana como principio jurídico del Ordenamiento Constitucional Español", en *Dignidad humana y derecho fundamental* (Director: Ricardo Chueca). Centro de Estudios Políticos y Constitucionales, Madrid, 2015, p. 295 ss.

Peces Barba, Gregorio: "La dignidad de la persona como fundamento básico", en *Diez lecciones sobre ética, poder y Derecho*, Dykinson, Madrid, 2010, p. 32 ss.

Pérez Luño, Antonio Enrique: *Derechos humanos, Estado de Derecho y Constitución*, Madrid, Tecnos, 1984.

Pérez Pérez, Victoria Eugenia: "Capacidad de la mujer en Derecho Privado Romano", Revista CLEPSYDRA, 16, noviembre 2017, p. 191 ss.

Pico della Mirándola, Giovanni: *De la dignidad del hombre* ("Oratio de hominis dignitate"), Editora Nacional, Madrid, 1984.

Robles Morchón, Gregorio: "El libre desarrollo de la personalidad. El artículo 10 de la Constitución", en *El libre desarrollo de la personalidad. El artículo 10 de la Constitución*, García San Miguel (coordinador), Servicio de Publicaciones de la Universidad de Alcalá de Henares, 1985, p. 45 ss.

Ruiz Lapeña, Rosa: "La dignidad y sus manifestaciones en el Ordenamiento constitucional español", en *Dignidad humana y derecho fundamental* (Director: Ricardo Chueca). Centro de Estudios Políticos y Constitucionales, Madrid, 2015, p. 335 ss.

Ruiz-Giménez Cortés, Joaquín: "Comentario al artículo 10", en *Comentarios a las leyes políticas* dirigidos por Oscar Alzaga, *Constitución Española, Tomo II*, Edersa, Madrid, 1984, p. 47 ss.

Salto Sánchez del Corral, Ana: *La dignidad humana: Dignidad de la mujer*, PPC Editorial, 2005.

Solozábal Echavarría, Juan José: "Dignidad de la persona (Derecho constitucional)", *Enciclopedia Jurídica Básica, Tomo II*, Civitas, Madrid, 1995, p. 2489 ss.

Solozábal Echavarría, Juan José: *Derechos y libertades. Interpretación constitucional.* "Siete cuestiones básicas sobre los derechos fundamentales".

II. "El anclaje de los derechos fundamentales en la dignidad de la persona" (Texto de la conferencia impartida a principios del curso académico de 2018), pp. 66-69.

11. "Dignidad de la persona", pp. 257-262.

Solozábal Echavarría, Juan José: "La dignidad de la persona", en *El Estado de Derecho en el Siglo XXI*, Capítulo 3 ("Una revisión de la teoría de los derechos fundamentales: tres esquinas"), 1. Tirant lo Blanch, Valencia 2023, pp. 75-80.

Truyol Serra, Antonio: *Los derechos humanos*, 3ª edición, Tecnos, Madrid, 1982.

ÍNDICE